CADERNO DE ATIVIDADES
2

Organizadora: Editora Moderna
Obra coletiva concebida, desenvolvida e produzida pela Editora Moderna.

Editora Executiva:
Marisa Martins Sanchez

NOME: ....

....TURMA: ....

ESCOLA: ....

....

1ª edição

© Editora Moderna, 2019

Moderna

Elaboração de originais:

Christina Binato
Licenciada em Letras pela Universidade Mackenzie. Editora.

Débora Lima
Licenciada em Letras pelas Faculdades São Judas Tadeu. Editora.

Márcia Maria Villanacci Braga
Licenciada em Pedagogia pelo Centro Universitário Assunção. Pós-graduada em Psicopedagogia pela mesma instituição. Professora do Ensino Fundamental em escolas particulares. Orientadora Educacional do Ensino Fundamental em escola particular.

Marisa Martins Sanchez
Licenciada em Letras pelas Faculdades São Judas Tadeu. Professora dos Ensinos Fundamental e Médio em escolas públicas e particulares. Editora.

Coordenação editorial: Marisa Martins Sanchez
Edição de texto: Ofício do Texto Projetos Editoriais
Assistência editorial: Ofício do Texto Projetos Editoriais
Gerência de *design* e produção gráfica: Everson de Paula
Coordenação de produção: Patricia Costa
Suporte administrativo editorial: Maria de Lourdes Rodrigues
Coordenação de *design* e projetos visuais: Marta Cerqueira Leite
Projeto gráfico: Adriano Moreno Barbosa, Daniel Messias, Mariza de Souza Porto
Capa: Bruno Tonel
  Ilustração: Raul Aguiar
Coordenação de arte: Wilson Gazzoni Agostinho
Edição de arte: Teclas Editorial
Editoração eletrônica: Teclas Editorial
Coordenação de revisão: Elaine Cristina del Nero
Revisão: Ofício do Texto Projetos Editoriais
Coordenação de pesquisa iconográfica: Luciano Baneza Gabarron
Pesquisa iconográfica: Ofício do Texto Projetos Editoriais
Coordenação de *bureau*: Rubens M. Rodrigues
Tratamento de imagens: Fernando Bertolo, Joel Aparecido, Luiz Carlos Costa, Marina M. Buzzinaro
Pré-impressão: Alexandre Petreca, Everton L. de Oliveira, Marcio H. Kamoto, Vitória Sousa
Coordenação de produção industrial: Wendell Monteiro
Impressão e Acabamento: NB Impress

Lote 781.334
Cod 12120245

Dados Internacionais de Catalogação na Publicação (CIP)
(Câmara Brasileira do Livro, SP, Brasil)

Buriti plus : português : caderno de atividades / organizadora Editora Moderna ; obra coletiva concebida, desenvolvida e produzida pela Editora Moderna ; editora executiva Marisa Martins Sanchez. – 1. ed. – São Paulo : Moderna, 2019. – (Projeto Buriti)

Obra em 5 v. para alunos do 1º ao 5º ano.

1. Português (Ensino fundamental) I. Sanchez, Marisa Martins. II. Série.

19-25846   CDD-372.6

Índices para catálogo sistemático:
1. Português : Ensino fundamental 372.6

Maria Alice Ferreira — Bibliotecária — CRB-8/7964

ISBN 978-85-16-12024-5 (LA)
ISBN 978-85-16-12025-2 (LP)

Reprodução proibida. Art. 184 do Código Penal e Lei 9.610 de 19 de fevereiro de 1998. Todos os direitos reservados
EDITORA MODERNA LTDA.
Rua Padre Adelino, 758 – Belenzinho
São Paulo – SP – Brasil – CEP 03303-904
Vendas e Atendimento: Tel. (0__11) 2602-5510
Fax (0__11) 2790-1501
www.moderna.com.br
2023
Impresso no Brasil

1 3 5 7 9 10 8 6 4 2

NESTE *CADERNO DE ATIVIDADES*, VOCÊ ENCONTRARÁ UMA GRANDE VARIEDADE DE ATIVIDADES PARA EXERCITAR AINDA MAIS SEUS CONHECIMENTOS DE GRAMÁTICA E DE ORTOGRAFIA.

LOGO NO INÍCIO, HÁ UMA SEÇÃO CHAMADA **LEMBRETES**, COM O RESUMO DE CONTEÚDOS ESTUDADOS NO 2º ANO. VOCÊ PODE RECORRER A ELA PARA REFRESCAR A MEMÓRIA, CASO TENHA SE ESQUECIDO DE ALGUM CONCEITO.

HÁ UMA SEÇÃO CHAMADA **DESAFIO** AO FINAL DE CADA BLOCO DE ATIVIDADES. FIQUE ATENTO PARA ENCONTRAR ALGUNS ERROS DE GRAMÁTICA E DE ORTOGRAFIA.

ESPERAMOS QUE VOCÊ SINTA PRAZER EM USAR ESTE *CADERNO* E QUE ELE O AJUDE A FICAR CRAQUE EM LÍNGUA PORTUGUESA!

OS EDITORES

SUMÁRIO

LEMBRETES	**5**
LETRAS E PALAVRAS	9
SÍLABA	12
ALFABETO E NOMES	14
LETRAS **F** E **V**	16
DESAFIO	**17**
ORDEM ALFABÉTICA	18
LETRAS **B** E **P**	19
LETRAS **C** E **G**	21
DESAFIO	**22**
LETRAS MAIÚSCULAS E MINÚSCULAS	23
ALFABETO: LETRA CURSIVA	25
B E **P**, **F** E **V**, **C** E **G**, **D** E **T**	26
DESAFIO	**27**
SÍLABAS: FORMANDO PALAVRAS	28
LETRA **C**	30
USO DE LETRA INICIAL MAIÚSCULA	31
C E **QU**	32
DESAFIO	**33**
FORMAÇÃO DE PALAVRAS	34
LETRAS **L** E **R** NO MEIO DA SÍLABA	36
DICIONÁRIO: ORDENAÇÃO COMPLETA	37
LETRAS **L** E **R** EM FINAL DE SÍLABA	39
DESAFIO	**40**
FRASE	41
SOM NASAL: **TIL**	43
FRASE E PONTUAÇÃO	44
SOM NASAL: **M** E **N**	46
DESAFIO	**48**
SUBSTANTIVO	49
INHO/INHA, ZINHO/ZINHA	51
SINGULAR E PLURAL	53
ÃO/ONA	55
DESAFIO	**57**
SEPARAÇÃO ENTRE PALAVRAS	58
SINÔNIMOS E ANTÔNIMOS	60
LETRAS **L** E **U**	62
DESAFIO	**64**

O ALFABETO

LETRAS MAIÚSCULAS E MINÚSCULAS

A B C D E F G H I J K L M N O P Q R S T U V W X Y Z

a b c d e f g h i j k l m n o p q r s t u v w x y z

A B C D E F G H I J K L M N O P Q R S T U V W X Y Z

a b c d e f g h i j k l m n o p q r s t u v w x y z

- **LETRAS K, W, Y:** USADAS EM NOME DE PESSOAS, PALAVRAS E SÍMBOLOS DE ORIGEM ESTRANGEIRA.
  → *KARINA, YAN, SHOW, KM, KG*

USO DA LETRA MAIÚSCULA

- NO COMEÇO DE FRASES. → **E**le é um excelente atleta.
- EM NOME DE PESSOAS E APELIDOS. → **L**ia, **G**ustavo, **B**ia, **B**eto
- EM NOME DADO A ANIMAIS. → **B**ichano, **S**apeca
- EM NOME DE PLANETAS, PAÍSES, ESTADOS, CIDADES, RUAS, PRAÇAS, BAIRROS. → **M**arte, **B**rasil, **A**cre, **M**anaus, **P**raça da **P**az, **V**ila **F**ormosa

VOGAIS E CONSOANTES

- **VOGAIS:** A, E, I, O, U.
- **CONSOANTES:** B, C, D, F, G, H, J, K, L, M, N, P, Q, R, S, T, V, X, Z.
- **W:** É CONSOANTE QUANDO TEM SOM V (**W**AGNER).
- **W:** É VOGAL QUANDO TEM SOM U (**W**ILSON).
- **Y:** É VOGAL (MAR**Y**).

TODA SÍLABA TEM VOGAL. → ELEFANTE – **E**-L**E**-F**A**N-T**E**

LEMBRETES

FRASE

FRASE: CONJUNTO DE PALAVRAS ORGANIZADAS QUE APRESENTA UMA IDEIA COM SENTIDO COMPLETO.

- FRASE DECLARATIVA: DÁ UMA INFORMAÇÃO.
  - DECLARATIVA AFIRMATIVA → *EU GOSTO DE DOCE.*
  - DECLARATIVA NEGATIVA → *EU NÃO GOSTO DE DOCE.*
- FRASE EXCLAMATIVA: EXPRESSA SENTIMENTOS, SENSAÇÕES, EMOÇÕES (ALEGRIA, SURPRESA, ADMIRAÇÃO ETC.).
  → *QUE DELÍCIA ESTE DOCE!*
- FRASE INTERROGATIVA: FAZ UMA PERGUNTA.
  → *VOCÊ GOSTA DE DOCE?*

FRASE E PONTUAÇÃO

AS FRASES SEMPRE TERMINAM COM UM SINAL DE PONTUAÇÃO.

PONTO-FINAL (.): INDICA FINAL DE FRASE AFIRMATIVA OU NEGATIVA.

→ *NÓS FICAMOS AMIGOS.*

→ *NÓS NÃO FICAMOS AMIGOS.*

PONTO DE EXCLAMAÇÃO (!): INDICA PEDIDO, ORDEM OU EMOÇÃO (SURPRESA, MEDO, ADMIRAÇÃO, ALEGRIA ETC.).

→ *QUE MENINO EDUCADO!*

PONTO DE INTERROGAÇÃO (?): INDICA UMA PERGUNTA.

→ *VOCÊS VÃO VIAJAR NO FERIADO?*

SUBSTANTIVO

SUBSTANTIVO É A PALAVRA QUE DÁ NOME A:

- PESSOAS, PERSONAGENS → *VERA, RUI, SUPER-HOMEM*
- LUGARES → *SERRA, PARIS, PARÁ, CIDADE, ILHA, OCEANO*
- OBJETOS → *ANEL, TESOURA, GARRAFA, ÓCULOS*

- PLANTAS → *ROSEIRA, MARGARIDA, CAJUZEIRO, AVENCA*
- ANIMAIS → *ABELHA, CORUJA, RAPOSA, RINOCERONTE*
- DIAS DA SEMANA E MESES DO ANO → *TERÇA-FEIRA, DOMINGO, MARÇO*
- SENTIMENTOS E EMOÇÕES → *RESPEITO, AMIZADE, DESPREZO, RAIVA*

GÊNERO DO SUBSTANTIVO

- **SUBSTANTIVO MASCULINO:** PODE VIR ACOMPANHADO DE *O, OS, UM, UNS*.
  → *O NETO, OS VASOS, UM ENVELOPE, UNS SANDUÍCHES*
- **SUBSTANTIVO FEMININO:** PODE VIR ACOMPANHADO DE *A, AS, UMA, UMAS*.
  → *A MENINA, AS VASSOURAS, UMA ESTANTE, UMAS BALAS*

NÚMERO DO SUBSTANTIVO

- **SUBSTANTIVO NO SINGULAR:** INDICA UM SÓ ELEMENTO → *CRIANÇA*
- **SUBSTANTIVO NO PLURAL:** INDICA MAIS DE UM ELEMENTO → *CRIANÇAS*

SINÔNIMO E ANTÔNIMO

PALAVRAS DE SENTIDO SEMELHANTE SÃO CHAMADAS DE **SINÔNIMOS**.
PALAVRAS DE SENTIDO OPOSTO, CONTRÁRIO, SÃO CHAMADAS DE **ANTÔNIMOS**.

DIMINUTIVO E AUMENTATIVO

DIMINUTIVO

- AS TERMINAÇÕES **INHO/INHA/ZINHO/ZINHA** INDICAM DIMINUIÇÃO DE TAMANHO.
  → *GANHEI MAIS UM CARRI**NHO** HOJE.*
  → *VOCÊ FEZ UMA COMIDI**NHA** GOSTOSA PARA NÓS.*

AUMENTATIVO

- AS TERMINAÇÕES **ÃO/ONA/ZÃO/ZONA** INDICAM AUMENTO DE TAMANHO.
  → *O VIZINHO TEM UM CACHORR**ÃO**.*
  → *ELA É UMA MÃE**ZONA**.*

LEMBRETES

LETRAS

C E QU REPRESENTAM O SOM K QUANDO:

- A **LETRA C** FOR SEGUIDA DE **A, O E U.**
- O **GRUPO QU** FOR SEGUIDO DE **E E I.**

CA, QUE, QUI, CO, CU

→ *CABIDE, QUENTE, QUILÔMETRO, COBAIA, CUECA*

G E GU REPRESENTAM O SOM G (GUÊ) QUANDO:

- A **LETRA G** FOR SEGUIDA DE **A, O E U.**
- O **GRUPO GU** FOR SEGUIDO DE **E E I.**

GA, GUE, GUI, GO, GU

→ *GALERIA, FOGUETE, GUITARRA, GOLEIRO, GURU*

LETRA G: TEM SOM J QUANDO SEGUIDA DAS VOGAIS **E E I.**
→ *GELEIRA, AGITAR*

M ANTES DE B E P: SEMPRE SE USA A LETRA **M** ANTES DE **B E P.**
→ *BAMBOLÊ, EMPREGO, SÍMBOLO, TROMPA, UMBIGO*

SOM NASAL

TIL (~): SINAL GRÁFICO USADO SOBRE AS LETRAS **A E O** PARA INDICAR QUE O SOM É NASAL. → *VILA – VILÃ*

AS **LETRAS M E N** EM FINAL DE SÍLABA INDICAM QUE AS VOGAIS **A, E, I, O, U** TÊM SOM NASAL.

→ *ES-TAM-PA, PAN-DA*
→ *TEM-PES-TA-DE, SUS-TEN-TO*
→ *TÍM-PA-NO, FIN-GI-DO*
→ *MO-LE-TOM, GON-GO*
→ *ÁL-BUM, RE-NÚN-CIA*

1 QUE BRINQUEDOS SÃO ESTES? ESCREVA O NOME DELES.

_____

_____

_____

_____

_____

_____

2 COMPLETE A CANÇÃO DA BRINCADEIRA **CORRE COTIA** COM AS PALAVRAS DO QUADRO.

| VÓ | CORAÇÃO | TIA | CHÃO |

> **Dica**
> A PALAVRA ESCOLHIDA DEVE RIMAR COM A ÚLTIMA PALAVRA DA FRASE DE CIMA.

CORRE COTIA

NA CASA DA _____

CORRE CIPÓ

NA CASA DA _____

LENCINHO NA MÃO

CAIU NO _____

MOÇA BONITA DO MEU _____

DA TRADIÇÃO POPULAR.

3 ESCREVA:

➤ A PALAVRA MAIS CURTA QUE VOCÊ CONHECE.
_____

➤ A PALAVRA MAIS LONGA QUE VOCÊ CONHECE.
_____

➤ UMA PALAVRA QUE VOCÊ ACHA BONITA.
_____

➤ UMA PALAVRA QUE FAÇA VOCÊ SORRIR.
_____

➤ UMA PALAVRA QUE VOCÊ APRENDEU RECENTEMENTE.
_____

➤ UMA PALAVRA QUE RIME COM **BRINCADEIRA**.
_____

SÍLABA

1 DESEMBARALHE AS SÍLABAS E ESCREVA AS PALAVRAS FORMADAS.

{ A } { RIO } { SÁ } { NI } { VER }

_____

{ XI } { CO } { NHA }

_____

{ PI } { CA } { PO }

_____

{ HAM } { GUER } { BÚR }

_____

{ TEL } { PAS }

_____

{ GI } { MÁ } { CA }

_____

{ GA } { BRI } { RO } { DEI }

_____

{ VE } { SOR } { TE }

_____

11

2 AGORA, COMPLETE O CARDÁPIO DA FESTA DE ANIVERSÁRIO DE JON, DONO DO GARFIELD, USANDO ALGUMAS PALAVRAS QUE VOCÊ FORMOU NA ATIVIDADE ANTERIOR.

FESTA DE _____ **DO JON**

CARDÁPIO

_____

_____

_____

_____

LASANHA (SÓ PARA GARFIELD E SEUS CONVIDADOS) BOLO COM _____

_____

3 E SE A FESTA DE ANIVERSÁRIO FOSSE SUA, O QUE SERIA SERVIDO? ESCREVA O NOME DE SUAS COMIDAS DE FESTA PREFERIDAS.

_____
_____
_____
_____
_____

ALFABETO E NOMES

1 COMPLETE OS ESPAÇOS EM BRANCO COM SEUS DADOS PESSOAIS.

➤ COLE SUA FOTO AO LADO.

FOTO

SEU NOME

SUA IDADE

NOME DE SUA MÃE

NOME DE SEU PAI

NOME DE SUA ESCOLA

ANO EM QUE VOCÊ ESTÁ

NOME DE SEU PROFESSOR OU SUA PROFESSORA

2 LIGUE O NOME À PERSONAGEM.

MÔNICA

CASCÃO

MAGALI

SANSÃO

SININHO

CEBOLINHA

➤ AGORA, OBSERVE O NOME DAS PERSONAGENS.

A) PINTE DA MESMA COR OS NOMES QUE COMEÇAM COM A MESMA LETRA.

B) OS NOMES TERMINAM COM QUE LETRAS? MARQUE COM UM **X**.

A   E   I   O   U

3 ESCREVA O NOME DAS IMAGENS.

_____

_____

_____

_____

_____

_____

14

LETRAS F E V

1 RESOLVA O ENIGMA E FORME NOVAS PALAVRAS.

VILA – V + F = _____   FOTO – F + V = _____

FEZ – F + V = _____   VEIA – V + F = _____

2 COMPLETE AS PALAVRAS COM **F** OU **V**.

MAL____ADA   ____ERIMENTO   ____IDA   BI____E   ____ULTO

____ESTA   ____INTE   ____UNDO   ____É   ____ONTE

NU____EM   RI____A   AL____O   ____EL   LU____A

> AGORA, ESCREVA AS PALAVRAS NAS CRUZADINHAS.

✓ PALAVRAS COM **V**   ✓ PALAVRAS COM **F**

15

3 COMPLETE AS PALAVRAS COM **F** E **V**. DEPOIS, COMPLETE AS FRASES COM ESSAS PALAVRAS.

_____AQUEIRO   _____AQUEIRO

A) O CONJUNTO COMPLETO DE TALHERES É
_____.

B) A PESSOA QUE CONDUZ OU VIGIA O GADO É
_____.

4 COMPLETE AS FRASES COM AS PALAVRAS DO QUADRO.

FARDA	VIADUTO	FORTE	VAZIO
COFRE	VENTO	VERDE	FAVELA

➤ EM CADA FRASE HÁ UMA PALAVRA COM **F** E OUTRA COM **V**.

A) O LADRÃO DEIXOU O _____ _____.

B) A _____ DO SOLDADO É _____.

C) O _____ _____ DERRUBOU O TELHADO.

D) EMBAIXO DO _____ TINHA UMA _____.

DESAFIO

LUCAS, MARIANA, FÁBIO, ANA, JOÃO PEDRO E YASMIN DECIDIRAM JOGAR *STOP*.

PARA ESTA RODADA, OS AMIGOS SORTEARAM A LETRA **V**, MAS ESCREVERAM 10 PALAVRAS DE FORMA INCORRETA.

✓ MARQUE COM UM **X** OS ERROS QUE ENCONTRAR NO JOGO.

	NOME	CIDADE	OBJETO	COR	ANIMAL	TOTAL DE PONTOS
LUCAS	VINÍCIUS	VARGINHA	VIVELA	VERRUGEM	VESPA	
MARIANA	VÍTOR	VINHEDO	VARA	VERDE	VACA	
FÁBIO	VERA	VORTALEZA	VOLHA	VERMELHO	VORMIGA	
ANA	VABIANA	VITÓRIA	VIGURINHA	VERDE	VEADO	
JOÃO PEDRO	VANESSA	VIÇOSA	VARAL	VIOLETA	VAGA-LUME	
YASMIN	VERNANDO	VOZ DO IGUAÇU	VIOLA	VINHO	VOCA	

✓ AGORA, REESCREVA AS PALAVRAS ESCRITAS DE FORMA INCORRETA, CORRIGINDO-AS.

_____

✓ CADA RESPOSTA CORRETA VALE 10 PONTOS E CADA RESPOSTA INCORRETA VALE ZERO PONTO. CALCULE E RESPONDA: QUEM VENCEU O JOGO?

_____

ORDEM ALFABÉTICA

1 ESCREVA, EM ORDEM ALFABÉTICA, O NOME DE ALGUNS COLEGAS QUE VOCÊ TEM FORA DA ESCOLA.

_____

_____

_____

2 VOCÊ SABE QUEM SÃO OS MELHORES AMIGOS DESTAS PERSONAGENS? OBSERVE AS DICAS REPRESENTADAS NOS DESENHOS. DEPOIS, ESCREVA O NOME DELES.

BATMAN	
MÔNICA	
BOB ESPONJA	
NARIZINHO	

▶ AGORA COLOQUE OS NOMES DOS AMIGOS DAS PERSONAGENS EM ORDEM ALFABÉTICA.

_____

_____

_____

LETRAS B E P

1 OBSERVE AS FIGURAS A SEGUIR.

A) ESCREVA **B** NOS OBJETOS QUE TÊM O NOME COMEÇADO COM **B**.

B) ESCREVA **P** NOS OBJETOS QUE TÊM O NOME COMEÇADO COM **P**.

C) EM SEGUIDA, PINTE AS FIGURAS.

2 COMPLETE AS FRASES COM UMA DAS PALAVRAS ENTRE PARÊNTESES.

A) PAI E FILHO FORAM PESCAR NO RIO EM UM _____.
(POTE – BOTE)

B) O CACHORRO ESTAVA COM A _____ MACHUCADA.
(BATA – PATA)

C) OS INDÍGENAS MORAM NA _____.
(TAPA – TABA)

3 COMPLETE AS FRASES COM AS PALAVRAS DO QUADRO.

| BODE | TROMPA | PODE | TROMBA |

A) O ELEFANTE TOMA ÁGUA PELA _____.

B) A _____ É UM INSTRUMENTO DE SOPRO.

C) O MACHO DA CABRA É O _____.

D) SEM O GESSO NO BRAÇO, LUÍS JÁ _____ DIRIGIR.

4 ENCONTRE E CIRCULE AS PALAVRAS QUE COMEÇAM COM **B** E COM **P**.

PABORBOLETACAMAPOMBADEICOSOBOLASIVERAPIPOCA

NUCABRUXADEDOFOBARCOANELUCOMOPANDEIROE

PALHAÇONOPAPAGAIOCASALABERIMBAUCASACO

PORCOABAILARINAQUESSOTAFAPENICOLUBARATA

> AGORA, ESCREVA AS PALAVRAS QUE VOCÊ CIRCULOU NA COLUNA CORRETA.

PALAVRAS COM A LETRA B	PALAVRAS COM A LETRA P

5 RESOLVA ESTAS CHARADAS.

Dica
AS RESPOSTAS COMEÇAM COM **B** OU **P**.

A) O QUE É QUE ANDA COM OS PÉS NA CABEÇA?
_____

B) QUAL É O ANIMAL QUE ANDA COM AS PATAS?
_____

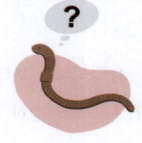

LETRAS C E G

1 LEIA OU CANTE ESTA CANÇÃO.

TEREZINHA DE JESUS

TEREZINHA DE JESUS
DE UMA QUEDA FOI AO CHÃO
ACUDIRAM TRÊS CAVALHEIROS
TODOS COM CHAPÉU NA MÃO.
O PRIMEIRO FOI SEU PAI
O SEGUNDO, SEU IRMÃO
O TERCEIRO FOI AQUELE
A QUEM TEREZA DEU A MÃO.

DA TRADIÇÃO POPULAR.

A) CIRCULE NA CANÇÃO AS PALAVRAS QUE TÊM **CA**, **CO** OU **CU**.

B) COPIE A PALAVRA QUE TEM **GA**, **GO** OU **GU**. _____

2 FORME PALAVRAS TROCANDO OS SÍMBOLOS POR **C** (✈) OU **G** (💧).

BA💧UNÇA _____   ✈A✈O _____

✈OR✈UNDA _____   💧A💧O _____

💧ORDA _____   PE✈AR _____

PE💧AR _____   ✈ORDA _____

➤ QUAIS SÃO AS PALAVRAS EM QUE O **C** FOI TROCADO PELO **G** E FORMOU NOVAS PALAVRAS?

_____

_____

_____

_____

DESAFIO

OS ALUNOS DO 2º ANO PREPARARAM CARTAZES COM FIGURAS QUE TÊM AS LETRAS **P**, **B**, **C** E **G**.
MAS, NA PRESSA, COLOCARAM ALGUMAS FIGURAS NO LUGAR ERRADO.

✓ CIRCULE A FIGURA QUE NÃO FAZ PARTE DE CADA GRUPO.

✓ AGORA, ESCREVA O NOME DAS FIGURAS CORRETAS EM CADA GRUPO.

P → _____

B → _____

C → _____

G → _____

Letras maiúsculas e minúsculas

1 Observe as pirâmides de letras.

a) Marque com um **X** a pirâmide com letras minúsculas.

b) Marque com um ▢ a pirâmide com letras maiúsculas.

2 Pinte da mesma cor os nomes iguais.

| amigo | BOLA | amigo | BOLA |
| bola | AMIGO | bola | AMIGO |

3 Leia as palavras do quadro.

| bebê   paulo   cachorro   sérgio   homem   itália |
| yara   aluno   rex   cidade   kim   país |

a) Copie as palavras que devem ser escritas com letra inicial maiúscula.

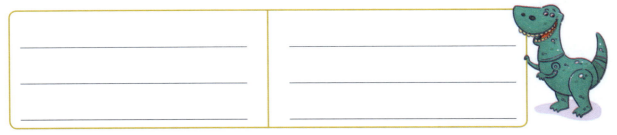

b) Agora, copie em ordem alfabética, as palavras que devem ser escritas com letra inicial minúscula.

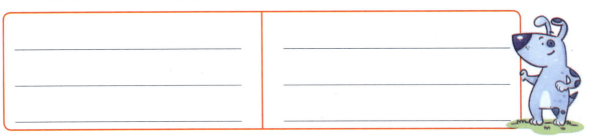

4 Uma empresa de ônibus mandou fazer cartazes sobre o uso dos assentos preferenciais. Ocorreu um problema na impressora e algumas palavras não saíram no papel.

> Complete os cartazes com as palavras que faltam.

 Assento reservado para _____

 Assento reservado para _____

 Assento reservado para _____

 Assento reservado para _____

5 Leia estas palavras.

> Complete as frases a seguir com as palavras acima que dão sentido a elas. Você descobrirá como tratar as pessoas com mais respeito na escola.

a) Quando chegar à escola, _____ os colegas.

b) Se fizerem um favor a você, _____.

c) Para usar algo que não é seu, _____.

d) Se fizer algo errado, _____.

e) Quando alguém falar com você, _____.

f) Quando alguém emprestar algo a você, _____.

Alfabeto: letra cursiva

1 Leia a lista de compras que Luciana fez antes de ir ao supermercado.

a) Luciana sempre deixa para pegar os itens refrigerados por último. Ajude-a a separá-los e escreva o nome deles usando letra cursiva.

_____

_____

_____

b) Luciana decidiu comprar mais alguns produtos. Escreva o nome deles com letra cursiva.

B e P, F e V, C e G, D e T

➤ Siga as pistas e complete as palavras da cruzadinha.

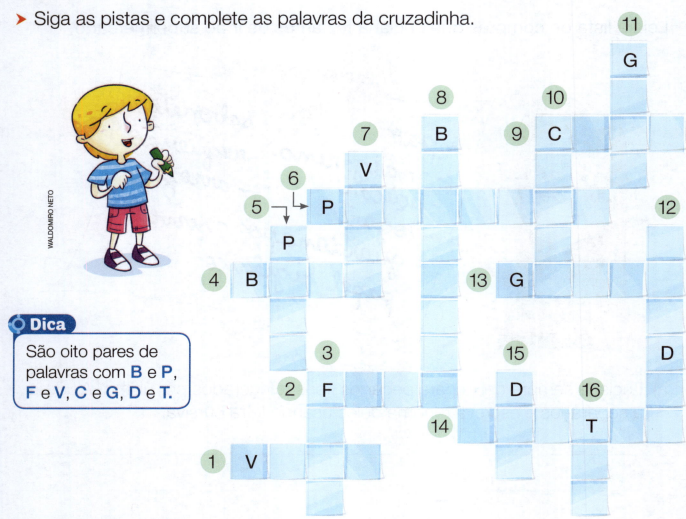

Dica
São oito pares de palavras com **B** e **P**, **F** e **V**, **C** e **G**, **D** e **T**.

1. Pilar que dá sustentação a uma construção.
2. Objeto usado na cozinha para cortar alimentos.
3. Dedão colocado no meio de outros dois dedos da mão para dar sorte.
4. Papel que vem com o remédio explicando para que serve e como devemos tomá-lo.
5. Eu pulo, ele...
6. Planta que produz a uva.
7. Animal que nos dá o leite.
8. Obstáculo.
9. Produto usado para colar coisas.
10. Ele corre, eu...
11. Parte que fica bem no alto da camisa.
12. Usar o maçarico para colar objetos de metal.
13. Peça de vestir que se põe na cabeça para aquecer.
14. O contrário de prender.
15. Quem tem talento tem um...
16. Altura de um som.

26

DESAFIO

Peixinhos vão e vêm carregando palavras... Mas será que todas elas estão escritas da forma correta? Descubra se há erros. Se houver, pinte o número dos peixinhos em que eles aparecem.

> **Dica**
> Fique atento ao uso das letras **B**, **P**, **F**, **V**, **C**, **G**, **D**, **T**.

Sequência 1

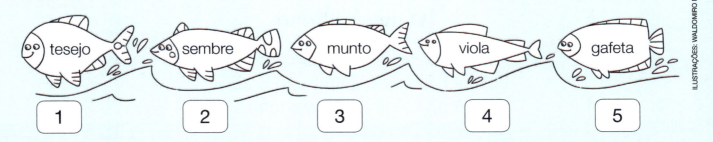

Sequência 2

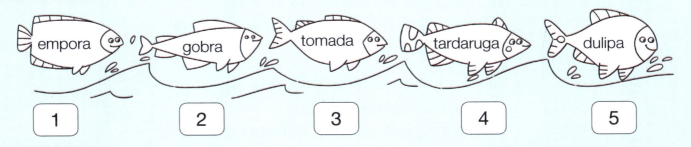

Sequência 3

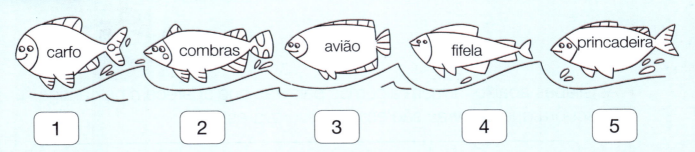

Reescreva as palavras erradas corrigindo-as.

✓ Sequência 1: _____

✓ Sequência 2: _____

✓ Sequência 3: _____

27

Sílabas: formando palavras

1 Leia a cantiga.

O meu galinho

Há três noites que eu não durmo, ô lá lá!
Pois perdi o meu galinho, ô lá lá!
Coitadinho, ô lá lá! Pobrezinho, ô lá lá!
Eu perdi lá no jardim.

Ele é branco e amarelo, ô lá lá!
Tem a crista vermelhinha, ô lá lá!
Bate as asas, ô lá lá! Abre o bico, ô lá lá!
Ele faz qui-ri-qui-qui.

Já rodei em Mato Grosso, ô lá lá!
Amazonas e Pará, ô lá lá!
Encontrei, ô lá lá! Meu galinho, ô lá lá!
No sertão do Ceará!

Da tradição popular.

> As sílabas abaixo formam algumas palavras que aparecem na cantiga. Descubra que palavras são essas e escreva-as.

li	jar	nho	lo	dim	zo	a	ga
ma	nas	re	cris	A	ta	ma	

_____

_____

28

2 Estas palavras também fazem parte da cantiga. Complete-as com as sílabas que faltam.

a) coi _____ dinho

b) _____ tão

c) Ce _____ rá

d) en _____ trei

3 A cantiga conta a história de alguém que perdeu o seu galinho. Você sabia que o galo é uma ave?

> Junte os pares de sílabas para formar as palavras que completam as frases e descubra algumas características das aves.

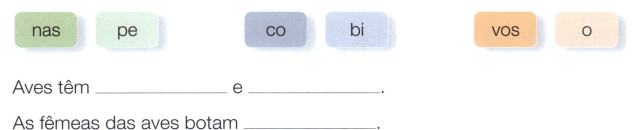

Aves têm _____ e _____.

As fêmeas das aves botam _____.

4 Desembaralhe as sílabas e escreva o nome das aves.

Letra C

1 Leia em voz alta os grupos de palavras. Observe o som da letra C.

capital	bacana	calor	cinema
cereja	acidente	coragem	cutucar
cone	buraco	cego	covarde

a) Sublinhe a palavra intrusa em cada grupo.

b) Qual é o som da letra C nas palavras que você sublinhou? _____

2 Ligue as frases aos exemplos.

A letra **C**, seguida de **e** e **i**, tem som S.

A letra **C**, seguida de **a**, **o** e **u**, tem som K.

cara, coro, cura, época, pouco, caracu

cebola, face, cipó, fácil, centena, cinto

3 Leia as palavras do quadro.

alface   cimento   caramelo   disfarce   coreto   cesto   macio
cidade   caverna   curioso   cafonice   cabana   lacuna   rabisco   doce

› Agora, organize-as de acordo com o seu som.

C com som S	C com som K

Atenção! Há uma palavra que entra nas duas colunas.

Uso de letra inicial maiúscula

1 O trecho a seguir trata de um evento infantil programado para o feriado da Páscoa, em 2019, na cidade de São Paulo. Leia:

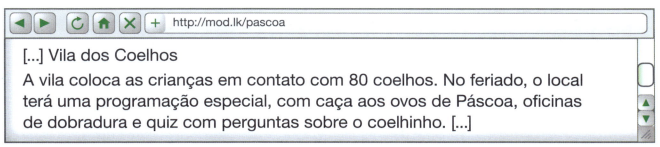

> [...] Vila dos Coelhos
> A vila coloca as crianças em contato com 80 coelhos. No feriado, o local terá uma programação especial, com caça aos ovos de Páscoa, oficinas de dobradura e quiz com perguntas sobre o coelhinho. [...]

Disponível em:<http://mod.lk/pascoa>. Acesso em: 23 abr. 2019.

▸ Copie as palavras escritas com inicial maiúscula.

_____

2 Leia este trecho de um conto.

papai ia para são paulo. era a sua primeira viagem de avião. antes de partir, ele falou:

— sylvia, vou viajar de avião. o que você quer que eu traga pra você?

— quero uma nuvem! [...]

Sylvia Orthof. A rã Santa Aurora. Em: *Os bichos que tive (memórias zoológicas)*. São Paulo: Salamandra, 2005. (Texto adaptado.)

▸ Sublinhe as palavras que deveriam estar escritas com letra inicial maiúscula. Depois, reescreva-as abaixo da forma como deveriam estar escritas no texto.

_____

3 Complete as palavras com a letra inicial correta: **P, p, S, s**.

Em 2006, ____lutão deixou de ser ____laneta. O ____istema ____olar passou a ter ____omente oito planetas.

C e QU

1 Junte as sílabas da mesma cor e forme palavras.

> Escreva nas lacunas as palavras encontradas organizando-as pela cor dos quadrinhos.

que	ca	os	tu	ca
co	fe	qui	di	a
qui	cul	ri	ra	zei
zal	ro	var	que	da

🟩 _____ 🟦 _____

🟨 _____ 🟪 _____

🟧 _____ ⬜ _____

2 Leia a tirinha.

a) Copie as palavras com **ca**, **que**, **qui**, **co**, **cu** que você encontrar.

_____

b) Qual desses grupos de letras não aparece na tirinha? _____

c) Escreva uma palavra com esse grupo de letras.

_____

3 Ligue o nome à foto. Depois, sublinhe as sílabas **ca**, **que**, **qui**, **co**, **cu**.

cuíca   leque   quimono   cobertores

DESAFIO

Em cada varal, há uma figura que não combina. Marque-a com um X.

VARAL DO CA - CO - CU

VARAL DO QUE - QUI

VARAL DO CA - QUE - QUI - CO - CU

✔ Escreva na pasta correta o nome das figuras penduradas nos varais.

Dica
Há uma palavra que se repete nas duas pastas.

CA - CO - CU

QUE - QUI

33

Formação de palavras

1 Complete as frases formando palavras a partir das ilustrações.

> Observe o exemplo.

 Luís foi assistir ao jogo e levou uma **bolada**.

 a) Roberta foi colocar o prego na parede e deu uma _____ no dedo.

 b) Maurício é engraçado, está sempre fazendo _____.

 c) Guta pediu que sua avó fizesse uma _____.

 d) Fernando achou que a comida estava _____.

e) Martina tomou uma _____ de sopa.

2 Forme palavras com o final **ada**.

a) boi ➡ _____

b) cotovelo ➡ _____

c) bico ➡ _____

d) corte ➡ _____

e) dente ➡ _____

f) coco ➡ _____

3 Observe o exemplo.

Tomei **banho** no **banheiro**.

34

➤ Agora, complete as frases com a palavra que falta.

a) Guardei as balas no _____.

b) Comprei pipocas na barraca do _____.

c) Quem cuidou do jardim foi o _____.

d) Quem nasce no Brasil é _____.

4) Qual é a profissão destas pessoas? Procure a resposta no quadro.

> tenista   manobrista   trompetista
> roteirista   massagista   malabarista

a) Escreve roteiros para a televisão. _____

b) Faz massagens. _____

c) Manobra os carros. _____

d) Toca trompete. _____

e) Faz malabarismos. _____

f) Joga tênis. _____

5) Leia o texto e conheça um pouco sobre uma pessoa que tem uma profissão de que já gostava quando era criança.

Mayana Zatz nasceu em Israel e mudou-se com a família para o Brasil aos 8 anos. Era "inquieta na infância, tinha mania de abrir brinquedos para descobrir como eram por dentro. E gostava de provar sozinha tudo quanto era teoria", conta. Formou-se em Ciências Biológicas pela Universidade de São Paulo (USP), trabalha no Instituto de Biociências (IB) da USP e coordena um centro de pesquisas científicas.

Rodrigo Cardoso. Mayana Zatz. *IstoÉ gente on-line*, 18 dez. 2006. Disponível em: <http://mod.lk/mzatz>. Acesso em: 11 dez. 2018. (Adaptado.)

➤ Marque com um X a profissão de Mayana Zatz.

☐ cientista   ☐ dentista   ☐ historiadora   ☐ geógrafa

Letras L e R no meio da sílaba

1. Leia esta tirinha.

   a) Circule palavras em que o **L** aparece no meio da sílaba.

   b) Sublinhe a palavra em que o **R** aparece no meio da sílaba.

2. O Cebolinha troca o **R** pelo **L**.

   a) Em qual palavra da tirinha ele fez essa troca? _____

   b) Escreva essa palavra da forma correta. _____

3. Leia este trecho do poema *João e Maria*.

   Em uma linda floresta
   morava um pobre lenhador
   com sua mulher e dois filhos
   que cuidava com muito amor.

   Vieram tempos difíceis.
   Não sabiam o que fazer.
   E todos ficaram tristes,
   pois não tinham o que comer.

   — E pra alimentar meus
   filhos? — dizia o pai preocupado.
   — Já sei! — falou a madrasta,
   após pensar um bocado.

   — Assim que raiar o dia
   a eles só darei um pão
   e bem dentro da floresta
   levarei Maria e João.

   Flávia Muniz. *João e Maria*. São Paulo: Moderna, 2007.

   ➤ Circule as sílabas em que o **L** e o **R** aparecem no meio.

4. Forme outras palavras acrescentando **L** ou **R** no meio das sílabas.

   pato ➡ _____   feira ➡ _____

   pena ➡ _____   pano ➡ _____

36

Dicionário: ordenação completa

1 Observe com atenção esta página de dicionário e responda às perguntas.

biografia

biografia (bi.o.gra.fi.a) *subst.fem.* Livro ou filme que conta a história da vida de alguém. *O novo presidente lançará em breve sua biografia.*

biologia (bi.o.lo.gi.a) *subst.fem.* Ciência que estuda os organismos e como eles se relacionam entre si e com o ambiente em que vivem. São partes da **biologia** outras ciências mais específicas, como a ecologia, a botânica e a zoologia. ~ **biológico** *adj.* **biólogo** *subst.masc.*

bioma (bi.o.ma) *subst.masc.* BIO Área com determinadas condições climáticas e ambientais que permitem o desenvolvimento de diversos ecossistemas.

bípede (bí.pe.de) *subst.masc.* Animal que anda sobre dois pés. O ser humano é **bípede**. ☞ Esta palavra pode ser usada como adj.: *animal bípede, espécie bípede*.

biquíni (bi.quí.ni) *subst.masc.* Traje feminino de duas peças que são semelhantes à calcinha e ao sutiã, mas são usadas sem roupa por cima, por exemplo, para tomar banho de piscina ou ir à praia.

bis *subst.masc.* **1** Repetição de algo, como uma música ao final de um *show*. *Todos gostaram tanto que pediram bis.* **2** A música que foi repetida também se chama **bis**. ☞ O sing. e o pl. do substantivo são iguais: *um bis, dois bis.* *interjeição* **3** Palavra usada para dizer que queremos que algo seja repetido. *Linda essa música que você cantou! Bis!*

bisavô (bi.sa.vô) *subst.masc.* O pai do avô ou da avó. ☞ Fem.: *bisavó*. Ver *avô*.

biscoito (bis.coi.to) *subst.masc.* Massa de farinha, ovos etc., doce ou salgada, que pode ser moldada de diversas formas, assada em forno ou frita.

bisneto (bis.ne.to) *subst.masc.* Filho do neto ou da neta.

bispo (bis.po) *subst.masc.* REL Líder religioso cristão, com mais poderes e responsabilidades que um padre.

bissexto (bis.sex.to) /ê/ *adj.* Ano bissexto é o ano que tem mais um dia, o dia 29 de fevereiro. Ocorre de quatro em quatro anos. *2016 foi um ano bissexto.*

boa-noite

bit *subst.masc.* INF **Bit** é uma sigla inglesa que quer dizer a menor unidade de informação para um computador trabalhar (símbolo: *b*). ☞ Pronuncia-se *bit*. Ver tabela "Unidades de medida" na p. 545.

blazer *subst.masc.* Palavra inglesa que significa um paletó ou casaco esportivo. ☞ Pronuncia-se *blêiser*.

blindar (blin.dar) *verbo* Proteger com peças ou camadas de um material bem resistente, como aço. *É preciso blindar o carro do presidente.*

bloco (blo.co) *subst.masc.* **1** Pedaço grande de matéria dura. Há **blocos** de gelo, de concreto e de vários outros materiais. **2** Conjunto de folhas, em branco ou com linhas, que são coladas juntas e geralmente podem ser destacadas. *Marina fez a redação no bloco de rascunhos.* **3** **Bloco** também é cada prédio de um conjunto de prédios onde as pessoas moram ou trabalham. **4** Grupo de pessoas que se reúnem nas ruas durante o carnaval, geralmente ao som de uma música que é somente desse grupo. *Galo da Madrugada é um bloco de frevo de Recife.*

bloquear (blo.que.ar) *verbo* **1** Impedir a passagem. *A cadeira está bloqueando a entrada do quarto.* **2** Não permitir o movimento de alguma coisa ou pessoa. *Uma pedra bloqueava a roda do carro.* **3** ESP Evitar o ataque do time adversário, especialmente no vôlei e no basquete. ~ **bloqueio** *subst.masc.*

blusa (blu.sa) *subst.fem.* Peça de roupa usada na parte de cima do corpo para cobrir o tronco. *Só falta comprar a blusa da escola.*

boa-noite (bo.a-noi.te) *subst.masc.* Cumprimentamos os outros com **boa-noite** quando já é de noite. *Deu um boa-noite rápido e foi para o quarto.* ☞ Pl.: *boas-noites*.

62

Dicionário Houaiss Ilustrado. São Paulo: Moderna, 2016.

a) As palavras começam todas com a mesma letra?

☐ Sim.
☐ Não.

b) E a segunda letra, é igual em todas as palavras?

☐ Sim.
☐ Não.

2 Copie todas as palavras que têm a letra L no meio da sílaba.

_____

_____

_____

3 Agora, leia este outro trecho desse dicionário.

> **brasa** (bra.sa) *subst.fem.* Carvão ou pedaço de madeira que está queimando, mas sem chamas. A **brasa** fica vermelhinha por causa do fogo.

Dicionário Houaiss Ilustrado.
São Paulo: Moderna, 2016.

a) Qual destas palavras deve aparecer antes de **brasa** no dicionário? Marque com X.

☐ brasileiro
☐ bravo
☐ brejo
☐ branco

b) Numere, de acordo com a ordem alfabética, as próximas palavras que devem aparecer no dicionário depois de **brasa**.

☐ broto
☐ bueiro
☐ brilhar
☐ cabelo

Letras L e R em final de sílaba

1 Organize as sílabas e forme palavras com **L** e **R** em final de sílaba.

| TA | TO | TOR | TRA | NAL | SI | MAL | NOR |

_____

_____

2 Acrescente **L** ou **R** nas sílabas das palavras do quadro.

| cana | caçada | fada | cação | copo |
| ciente | crista | menta | favo | bruta |

➤ Agora, complete as frases com as palavras formadas.

a) Só um _____ de televisão noticiou a queda do avião.

b) A _____ dos marinheiros é azul-marinho e branca.

c) Sempre me lembro do _____ que você me fez.

d) Seu controle _____ é incrível!

e) O vendedor atendeu bem o _____.

f) Pedestres devem aguardar na _____ antes de atravessar a rua.

g) Zezo foi nadar com a turma. Meu filho emprestou-lhe um _____.

h) Na entrada do museu, há um maravilhoso lustre de _____.

i) O _____ humano é composto de cabeça, tronco e membros.

j) O tornado atingiu as cidades com uma força _____.

DESAFIO

Na hora de escrever o nome das figuras nas listas corretas, alguns deles foram trocados.

✓ Leia os nomes com atenção. Depois, risque os que estão na lista errada e reescreva-os na lista correta.

Palavras com **L** em final de sílaba	Palavras com **R** em final de sílaba
balde	urso
almofada	girassol
anel	apontador
soldado	árvore
jornal	formiga
borboleta	martelo
	farol

✓ Qual é o único nome que deve estar nas duas listas? _____

Frase

1 Leia este texto.

Eu não tive só rãs, coelhos e bichos-de-pé, não. Tive, também, um bicho comprido, baixinho, de pernas tortas e nariz gelado: era um cachorro bassê. Seu nome era "Sua Avó". Eu adorava quando alguém perguntava:

— Qual é o nome dele?

— Sua Avó!

— Como?

— Sua Avó!

— Minha avó? Ó menina malcriada! Então, este cachorro é minha avó? Mais respeito!

— Não é falta de respeito não; é que o nome dele é Sua Avó. [...]

Sylvia Orthof. Sua Avó, meu bassê. Em: *Os bichos que tive (memórias zoológicas)*. São Paulo: Salamandra, 2005.

a) Ligue as colunas para classificar as frases.

Frase declarativa afirmativa	— Qual é o nome dele?
Frase declarativa negativa	— Mais respeito!
Frase exclamativa	Eu não tive só rãs, coelhos e bichos-de-pé, não.
Frase interrogativa	Seu nome era "Sua Avó".

b) Circule no texto uma frase exclamativa.

c) Sublinhe no texto uma frase interrogativa.

*Não vale repetir as frases do item **a**.*

2 Releia esta frase do texto. Em seguida, classifique-a em declarativa afirmativa ou declarativa negativa. _____

Tive, também, um bicho comprido, baixinho, de pernas tortas e nariz gelado: era um cachorro bassê.

3 Escreva **DA** nas frases declarativas afirmativas e **DN** nas frases declarativas negativas.

☐ Eu não tenho animal de estimação.

☐ Eu quero ter um animal de estimação.

☐ Marília ganhou um gato de aniversário.

☐ Luís não passeou com seu cão ontem.

☐ É melhor você alimentar seus peixes antes de sair.

☐ Não troquei a água que o gato bebe todos os dias.

☐ Eles cuidaram do cãozinho abandonado que encontraram.

➤ Releia as frases em que você escreveu DA (declarativa afirmativa). Qual palavra elas precisariam ter para serem classificadas como DN (declarativa negativa)?

_____

4 Observe as frases.

bolo

Frase exclamativa: Esse bolo é uma delícia**!**
Frase interrogativa: Você gostou do bolo**?**

➤ Agora, siga os exemplos e crie frases usando as palavras indicadas.

a) sorvete

Frase exclamativa: _____
Frase interrogativa: _____

b) viajar

Frase exclamativa: _____
Frase interrogativa: _____

Som nasal: til

1 Leia em voz alta os pares de palavras.

faca – facão   pressa – pressão   crista – cristã

corda – cordão   seda – sedã   calça – calção

a) Forme novos pares de palavras ligando as colunas.

lima	botão
bota	limão
lá	portão
porta	lã

b) Qual é o sinal gráfico usado sobre as letras **A** e **O** para indicar o som nasal? _____

2 Estas cenas fazem parte de duas histórias. Você sabe os títulos delas? Escreva-os e depois pinte os desenhos.

_____   _____

> Agora, sublinhe as palavras em que aparecem as letras **Ã** e **Õ**.

3 O que comemoramos no segundo domingo de maio? Circule a palavra em que o til é usado.

_____

Frase e pontuação

1 Leia o trecho de um conto.

> Você viu um piolho passar por aí?
> Não?
> Mas uma princesa de cabelo muito longo sentiu. E a ama, que penteava seus cabelos, viu. Era bem pequeno.
> — Que coceira! — disse a princesa.
> — Olhe, Sabina, é um piolho.

Carla Caruso. Couro de piolho (recontado).
Em: *Almanaque dos sentidos*. São Paulo: Moderna, 2009.

➤ Agora, identifique os sinais de pontuação de acordo com o código.

PF = ponto-final   PE = ponto de exclamação   PI = ponto de interrogação

2 Use **.** ou **!** ou **?** para pontuar as piadinhas.

— O que a máquina de calcular disse para o contador ☐
— Pode contar comigo ☐

— Por que a água foi presa ☐
— Porque matou a sede ☐

3 Escreva uma frase interrogativa, uma frase exclamativa e uma frase afirmativa sobre a imagem.

Rato de biblioteca (bronze), de Gary Lee Price.

? _____

! _____

. _____

44

4 Observe os emojis.

› Ligue os emojis às frases de acordo com o que você acha que eles expressam.

> **Dica**
> Fique atento aos sinais de exclamação (!), interrogação (?) ou ponto-final (.) para escolher a figura que combine melhor com as frases.

Será que vai chover hoje?

Eu achei o filme muito engraçado!

Está na hora de ir dormir.

Que nojo!

Fiquei muito bravo com meu irmão!

Que susto!

Combinado, vamos nos encontrar amanhã.

Não, obrigada.

Som nasal: M e N

1 Leia em voz alta os pares de palavras.

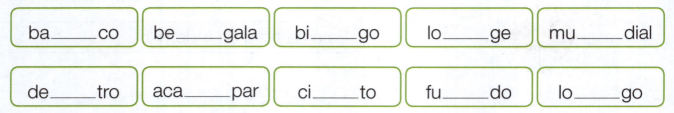

traçado – tra**n**çado   rede – **ren**de
mito – mi**n**to   troco – tro**n**co   mudo – mu**n**do

▸ As letras **M** e **N** em final de sílaba indicam que as vogais **A, E, I, O, U** têm som:

☐ oral.   ☐ nasal.

2 Complete as palavras com **M** ou **N**.

| ba____co | be____gala | bi____go | lo____ge | mu____dial |

| de____tro | aca____par | ci____to | fu____do | lo____go |

3 Forme novas palavras acrescentando **M** ou **N**.

a) maga: _____   e) beta: _____   i) catador: _____

b) cetro: _____   f) tuba: _____   j) juta: _____

c) bobear: _____   g) broca: _____   k) casar: _____

d) lida: _____   h) fraco: _____   l) pote: _____

4 Leia este poema.

O Felipe tá com gripe
o Dado tá resfriado.
Judite tá com bronquite.
Na Flora, deu catapora.

Impetigo no Rodrigo.
Na Brigite, apendicite,
No Vicente, dor de dente,
e no João, indigestão.

Ciça. Epidemia. Em: *Quebra-língua*.
Rio de Janeiro: Nova Fronteira, 1998.

▸ Sublinhe as palavras que têm som nasal.

46

5 Escreva o nome destes animais.

> Fique atento ao uso do **M** e do **N** antes de consoantes!

6 Agora, escreva os nomes de três animais terminados em **ÃO**.

7 Coloque **til** nas palavras do quadro quando necessário.

caes	criança	íma	canto	ombro
anta	liçoes	coraçao		limoes

DESAFIO

Os alunos do 2º ano fizeram um quadro com frases enigmáticas. Na hora de escrever as frases, um dos alunos esqueceu-se de colocar til nas palavras.

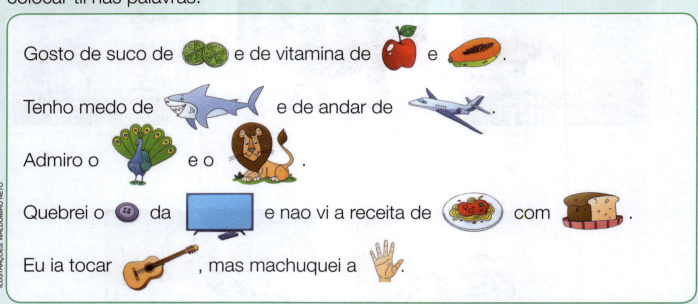

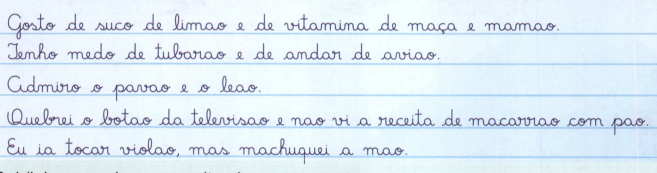

- ✓ Sublinhe as palavras escritas incorretamente.
- ✓ Reescreva as frases corrigindo-as.

Substantivo

1 Escreva o nome das figuras.

› Depois, ligue as figuras que formam um par.

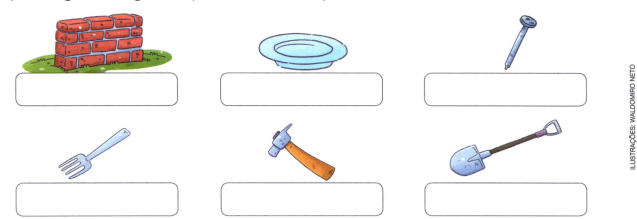

2 Leia este texto e veja se consegue compreendê-lo.

Olhos de águia

As ★ em geral têm a ★ mais desenvolvida do que a do ★.

As aves de rapina, como a ★, podem enxergar um ★ a mais de um ★ de distância, mesmo com pouca ★.

Carla Caruso. *Almanaque dos sentidos.* São Paulo: Moderna, 2009.

a) Troque as estrelas pelo nome destas figuras.

b) Como se chamam as palavras que dão nome a tudo?

☐ Substantivos.   ☐ Frases.

3 Escreva dois substantivos para cada grupo.

a) instrumentos musicais ➡ _____

b) nomes de pessoas ➡ _____

c) países ➡ _____

d) frutas ➡ _____

4) Observe as figuras.

a) Complete a cruzadinha com o substantivo que indica o nome de cada personagem.

b) Depois, na mesma cruzadinha, escreva o substantivo que indica o que cada personagem é.

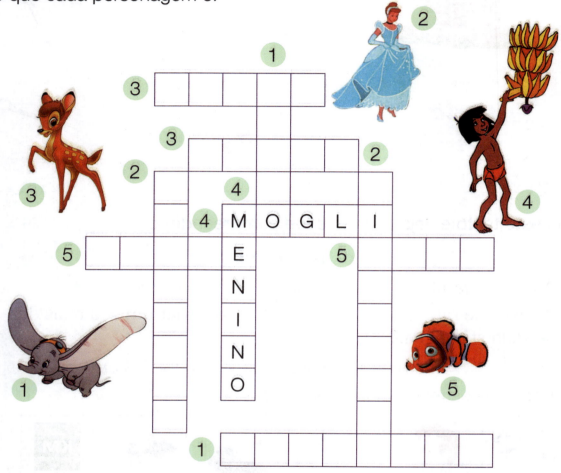

c) Agora, organize os substantivos da cruzadinha.

Escrito com inicial maiúscula		Escrito com inicial minúscula
1	→	1
2	→	2
3	→	3
4 Mogli	→	4 menino
5	→	5

50

INHO/INHA, ZINHO/ZINHA

1 Observe os títulos destes livros.

a) Sublinhe, nos títulos, os substantivos que estão no diminutivo.

b) Circule o substantivo que parece estar no diminutivo, mas não está.

2 Complete os exemplos de cada frase com o diminutivo das palavras do quadro.

> anjo   lousa   luz   bolacha   pires   funil

a) O substantivo no diminutivo termina em **INHO/INHA**.

Exemplos: _bruxinha,_ _____

b) O substantivo no diminutivo termina em **SINHO/SINHA** quando tem a letra **S** na sílaba final.

Exemplos: _casinha,_ _____

c) O substantivo no diminutivo termina em **ZINHO/ZINHA** quando **não** tem a letra **S** na sílaba final.

Exemplos: _reizinho,_ _____

3 Escreva o diminutivo das palavras.

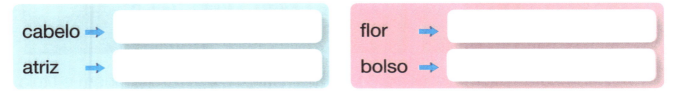

4 Leia o poema.

Meu desenho

Com meus lápis de cor,
desenhei um passarinho.
Ele ficou tão perfeito
que até voou pro ninho.

Pedro Bandeira. *Por enquanto eu sou pequeno*.
São Paulo: Moderna, 2009.

a) Copie as palavras do poema que terminam em **INHO**.

___

b) Qual dessas palavras está no diminutivo? Copie-a.

___

c) Marque com um X outra forma de indicar o diminutivo dessa palavra.

☐ passarada ☐ pequeno pássaro ☐ passarela

d) Escreva no diminutivo a outra palavra que termina em **INHO**.

___

5 Escreva o diminutivo das palavras.

a) lápis: ___   b) cor: ___

6 Leia a tirinha.

BICHINHOS DE JARDIM Clara Gomes

▶ Sublinhe as palavras que estão no diminutivo. Considere também o título.

Singular e plural

1 Leia esta tirinha.

Dik Browne. *O melhor de Hagar, o Horrível*. Porto Alegre: L&PM, 2005.

a) Sublinhe os substantivos repetidos.

b) Quais substantivos que você sublinhou estão no singular? _____

c) Quais estão no plural? _____

2 Quantos elementos aparecem nas figuras?

um barco

_____

_____

dois guerreiros

duas espadas

dois escudos

3 Complete as frases com as palavras singular ou plural e dê um exemplo.

a) O substantivo no _____ indica **um** só elemento.

Exemplo: _____

b) O substantivo no _____ indica **mais de um** elemento.

Exemplo: _____

4 Leia ou cante esta cantiga.

Marcha, soldado,
cabeça de **papel**,
se não marchar direito,
vai preso pro **quartel**.

O quartel pegou fogo,
Francisco deu o **sinal**.
Acode, acode, acode
a Bandeira Nacional.

Da tradição popular.

a) Escreva o plural de cada substantivo destacado na cantiga.

papel ➡ _____

quartel ➡ _____

sinal ➡ _____

b) Agora, escreva o plural de outras palavras.

capit**al** ➡ _____   girass**ol** ➡ _____

carret**el** ➡ _____   az**ul** ➡ _____

5 Observe as palavras que você escreveu e complete esta frase.

Quando escrevemos o plural de palavras que terminam em **AL**, **EL**, **OL**, **UL**, tiramos o **L** e acrescentamos _____.

6 Ligue cada palavra no singular ao seu plural.

funil	refis	míssil	fósseis
perfil	funis	fóssil	voláteis
refil	perfis	volátil	mísseis
anil	barris	ágil	dóceis
barril	cantis	difícil	difíceis
cantil	anis	dócil	ágeis

54

ÃO/ONA

1 Leia este texto.

Aves do Alasca

Já imaginou como seria uma ave com corpo de pinguim, **bico** de papagaio, **pé** de pato e ainda topete louro? Aposto que não. Mas essa ave existe e tem o nome de papagaio-do-mar-de-tufos [...]. Ele é considerado uma das aves marinhas mais lindas e diferentes do mundo e não é tão fácil encontrá-lo.

Eu precisei viajar até o Alasca, nos Estados Unidos, para observar um exemplar desta espécie! [...]

Ciência Hoje das Crianças, 23 nov. 2015. Disponível em: <http://chc.org.br/aves-do-alasca/>. Acesso em: 23 abr. 2019.

Papagaio-do-mar de tufos

> Qual é a forma de aumentativo das palavras destacadas?

_____

2 Marque com um X os substantivos no aumentativo.

- [ ] portão
- [ ] amigona
- [ ] tijolão
- [ ] meninona
- [ ] casarão
- [ ] canção
- [ ] carão
- [ ] coração
- [ ] facão
- [ ] azeitona
- [ ] vozeirão
- [ ] mulherona

> Escreva os substantivos que você assinalou em sua forma normal sem ser no aumentativo.

_____

3 Escreva os substantivos no aumentativo.

a) formiga ➡ _____

b) rapaz ➡ _____

4 Assinale com um X as frases que têm substantivo no grau aumentativo.

› Sublinhe as palavras que estão no aumentativo.

☐ a) Na pequena rua havia dois casarões e um palacete.

☐ b) Na pequena rua havia muitas casinhas e um palacete.

☐ c) A menina estava vestindo um lindo macacão azul.

☐ d) Ele não gosta de agrião.

☐ e) Agora, o zoológico tem um macacão e um macaquinho.

☐ f) No andar abaixo do meu, mora uma gatona siamesa.

5 Leia este poema.

Monstro, monstrinho, monstrão
esqueleto no caixão
abantesmas, fanabores,
trem-fantasma, aparição,
gato preto, lua cheia,
bruxa, caveira, papão.

Ciça Alves Pinto. Monstro, monstrinho, monstrão. Em: *Quebra-língua*.
Rio de Janeiro: Nova Fronteira, 2005.

a) Sublinhe os substantivos que terminam em **ÃO**.

b) No texto, a palavra **caixão** significa:

☐ urna funerária.   ☐ caixa grande.

c) Qual é o único substantivo que está no aumentativo? _____

DESAFIO

João criou estas cartas para um jogo da memória. Observe as peças com atenção!

 MOSCA	 MINHOCINHA	 FOCINHA	 MACACA
 JAGUATIRICA	 PORCA	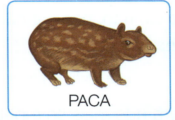 PACA	 MOSCINHA
 PORCINHA	 PERERECA	 MINHOCA	 MACACINHA
 PACINHA	 FOCA	 JAGUATIRICINHA	 PERERECINHA

✔ Responda.

a) Que erro João cometeu nessas cartas?

_____

_____

b) Assinale as peças em que o nome do animal está escrito errado.

c) Agora, escreva esses nomes corretamente.

_____

_____

Separação entre palavras

1 Quantas palavras há neste ditado popular? ☐

> Não adianta chorar sobre o leite derramado.

2 Leia os versos desta cantiga.

Cai cai balão, cai cai balão
Na rua do sabão.
Não cai não, não cai não, não cai não
Cai aqui na minha mão!

Da tradição popular.

a) Qual é a palavra que mais se repete? Quantas vezes ela aparece?

_____

b) Quantas vezes aparece a palavra **não**?

☐ 8   ☐ 7   ☐ 6

c) Quais são as duas palavras que não se repetem e rimam com **balão**?

_____

3 Descubra no quadro abaixo o nome e a profissão de quatro pessoas.

Dica: O nome e a profissão começam com as mesmas letras.

▶ Separe com barras os nomes e as profissões. Depois, organize-os na tabela.

pedrocozinheiramarceneiroeditepedreiromarcoseditoracorina

Nome	Profissão

Atenção! Nomes próprios começam com letra maiúscula!

58

4 Descubra o título do livro escrito por Terezinha Alvarenga.

Amãedamãedaminhamãe

> Escreva o título colocando uma palavra em cada quadrinho.

☐ ☐ ☐ ☐ ☐ ☐ ☐

5 As palavras das frases abaixo estão todas grudadas. Separe-as com barras para compreender o que está escrito.

a) Eleestavacomumamãonacabeça.

b) Elatinhaumacoleçãodefigurinhas.

c) Oirmãopôsaculpanela.

d) Tenhopoucaféemseutalento.

e) Alicedissequeoqueeudisseeraumpoçodetolices.

> **DESAFIO!** Copie as quatro palavras que poderíamos ler se não houvesse separação entre elas.

_____

6 Separe com barras as palavras para descobrir o que se diz quando uma criança não para quieta.

> Assinale a frase correta com um X.

a) Elatembichocarpinteiro. ☐

b) Elatembichonocorpointeiro. ☐

7 Encontre palavras nos quadrinhos a seguir.

> Escreva-as abaixo.

a l t a l e n t o m a t e m a r

Não pode sobrar nenhuma letra!

Sinônimos e antônimos

1 Complete as frases utilizando um sinônimo da palavra entre parênteses.

a) A fada transformou os trapos num _____ vestido. (lindo)

b) Os _____ viraram cavalos. (camundongos)

c) O vestido ficou _____. (esfarrapado)

d) A princesa achou melhor ficar _____. (solitária, só)

2 Ligue as palavras a seus sinônimos.

semelhante   zangado

bravo   distante

gostoso   saboroso

longe   tranquilo

calmo   parecido

3 Complete as frases a seguir usando um sinônimo da última palavra da frase anterior.

a) Cinderela estava elegante e **bonita**.

b) Rapunzel é _____ e **inteligente**.

c) Chapeuzinho é _____ e está sempre **alegre**.

d) Shrek é _____ e **engraçado**.

e) O príncipe encantado é _____ e **valente**.

f) Ariel é _____.

4 Escolha uma palavra do quadro para completar a primeira frase. Depois, complete a segunda frase com um antônimo da palavra que você escolheu.

› Observe o exemplo.

| sincero | ~~boa~~ | bonita | baixo | preguiçoso |

a) Cinderela é **boa**.

Sua madrasta é **má**.

b) Gepeto é _____.

Pinóquio é _____.

c) Bela é _____.

Mas a Fera é _____.

d) João do pé de feijão é _____.

O gigante é bem _____.

e) O porquinho Cícero é muito _____.

Seu irmão, Prático, é muito _____.

5 Forme os antônimos das palavras usando **in**, **im** ou **des**.

a) feliz ➡ _____

b) paciente ➡ _____

c) arrumado ➡ _____

d) calçar ➡ _____

e) perfeito ➡ _____

f) segurança ➡ _____

g) confiar ➡ _____

Letras L e U

1 Encontre as palavras escondidas no diagrama e copie-as ao lado.

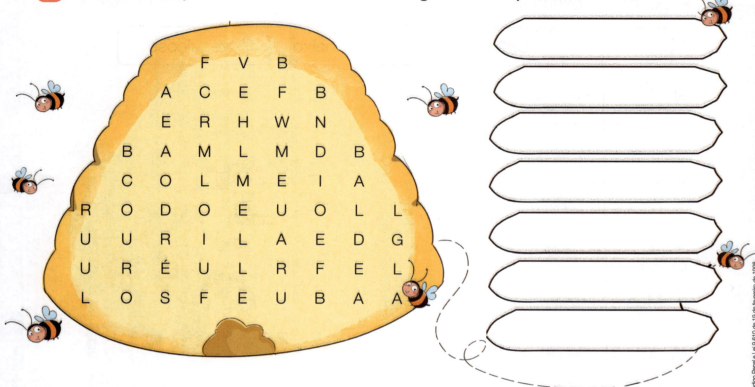

2 Complete as palavras com **L** ou **U**.

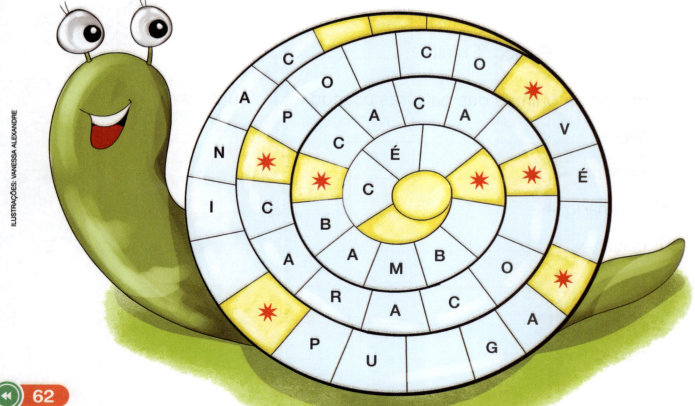

3 Leia o poema e complete as palavras com **L** ou **U**.

Uma flor
com forma
de estrela
parece
uma estrela
que
por descuido
caiu do vara____ do cé____.

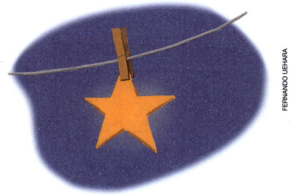

Luís Camargo. *O cata-vento e o ventilador*.
2. ed. São Paulo: FTD, 2016.

4 Encontre no diagrama palavras com **L** e **U** e circule-as.

a	d	o	u	r	o	r	p	p	a	f	c
n	e	l	p	a	l	m	a	t	r	a	a
e	n	e	r	t	o	m	s	p	l	r	n
l	c	o	m	e	u	x	t	i	r	o	z
c	m	i	n	g	a	u	e	r	o	l	o
t	u	v	o	b	u	d	l	a	l	g	l
d	i	l	o	b	g	u	a	c	r	a	s

▶ Agora, organize no quadro as palavras encontradas.

Palavras com **L**	Palavras com **U**

DESAFIO

O supermercado DA HORA mandou fazer um folheto com as ofertas da semana, mas a gráfica cometeu alguns erros. Veja só!

a) Marque com um X os nomes que estão escritos da forma errada.

b) Agora, escreva o nome dos produtos que você assinalou corrigindo-os.